Christian Morgenstern

Von dem großen Elefanten

Von dem großen Elefanten

Gedichte für Kinder von Christian Morgenstern

Ausgewählt von Anne Gabrisch
Illustrationen von Eva Natus-Šalamoun

BOJE VERLAG

2

Von dem großen Elefanten

Kennst du den großen Elefanten?
Du weißt, den Onkel von den Tanten,
den ganz, ganz großen, weißt du, der:
der immer *so* macht, hin und her.

Der läßt dich nämlich vielmals grüßen,
er hat mit seinen eignen Füßen
hineingeschrieben in den Sand:
Grüß mir Sophiechen Windelband!

Du darfst mir ja nicht drüber lachen.
Wenn Elefanten so was machen,
so ist dies selten, meiner Seel!
Weit seltner als bei dem Kamel.

Fips

Ein kleiner Hund mit Namen Fips
erhielt vom Onkel einen Schlips
aus gelb und roter Seide.

Die Tante aber hat, o denkt,
ihm noch ein Glöcklein drangehängt
zur Aug- und Ohrenweide.

Hei, ward der kleine Hund da stolz.
Das merkt sogar der Kaufmann Scholz
im Hause gegenüber.

Den grüßte Fips sonst mit dem Schwanz;
jetzt ging er voller Hoffart ganz
an seiner Tür vorüber.

Herr Löffel und Frau Gabel

Herr Löffel und Frau Gabel,
die zankten sich einmal.
Der Löffel sprach zur Gabel:
Frau Gabel, halt den Schnabel,
du bist ja bloß aus Stahl!

Frau Gabel sprach zum Löffel:
Ihr seid ein großer Töffel
mit Eurem Gesicht aus Zinn,
und wenn ich Euch zerkratze
mit meiner Katzentatze,
so ist Eure Schönheit hin!

Das Messer lag daneben
und lachte: Gut gegeben!
Der Löffel aber fand:
Mit Herrn und Fraun aus Eisen
ist nicht gut Kirschen speisen,
und küßte Frau Gabel galant –
              die Hand.

Das gibt's doch gar nicht!

Der Ochsenspatz
Die Kamelente
Der Regenlöwe
Die Turtelunke
Die Schoßeule
Der Walfischvogel
Die Quallenwanze
Der Gürtelstier
Der Pfauenochs
Der Werfuchs
Die Tagtigall
Der Sägeschwan
Der Süßwassermops
Der Weinpintscher
Das Sturmspiel
Der Eulenwurm
Der Giraffenigel
Das Rhinozepony
Die Gänseschmalzblume
Der Menschenbrotbaum.

Der Schnupfen

Ein Schnupfen hockt auf der Terrasse,
auf daß er sich ein Opfer fasse,

und stürzt alsbald mit großem Grimm
auf einen Menschen namens Schrimm.

Paul Schrimm erwidert prompt: Pitschü!
und *hat* ihn drauf bis Montag früh.

Der Frühling kommt bald

Herr Winter,
geh hinter,
der Frühling kommt bald!
Das Eis ist geschwommen,
die Blümlein sind kommen,
und grün wird der Wald.

Herr Winter,
geh hinter,
dein Reich ist vorbei.
Die Vögelein alle,
mit jubelndem Schalle,
verkünden den Mai!

Traumliedchen

Träum, Kindlein, träum,
im Garten stehn zwei Bäum.

Der eine, der trägt Sternlein,
der andre Mondenhörnlein.

Da kommt der Wind der Nacht gebraust
und schüttelt die beiden mit rauher Faust.

Das Mondenhörnleinbäumlein steht,
als wäre gar kein Wind, der weht.

Das Sternenbäumlein aber, ach,
dem fallen zwei Sternlein in den Bach.

Da kommen zwei Fischlein munter
und schlucken die Sternlein hinunter.

Und hätte es nicht sterngeschnuppt,
so wären sie nicht so schön geschuppt.

Träum, Kindlein, träum,
im Garten stehn zwei Bäum.

Der eine, der trägt Sternlein,
der andre Mondenhörnlein...

Träum, Kindlein, träum...

Fisches Nachtgesang

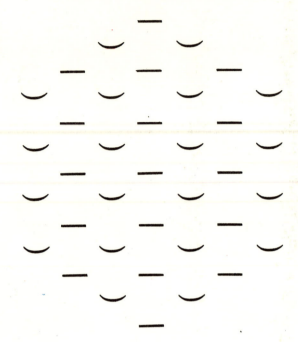

Die Rehlein beten zur Nacht

Die Rehlein beten zur Nacht,
habt acht!

Halb neun!

Halb zehn!

Halb elf!

Halb zwölf!

Zwölf!

Die Rehlein beten zur Nacht,
habt acht!
Sie falten die kleinen Zehlein,
die Rehlein.

Ausflug mit der Eisenbahn

Puff, puff, Eisenbahn,
jetzt fahren wir nach Wiesenplan!

Wiesenplan, das ist die Stadt,
die den Kohlweißling zum Bürger hat.

Der Kohlweißling bewohnt ein Haus,
das sieht wie eine Glocke aus,

wie eine Glockenblume blau!
Da wohnt der Kohlweißling und seine Frau.

Und weht der Wind, macht die Glocke kling kling,
und da freuen sich Herr und Frau Schmetterling.

Puff, puff, Eisenbahn!
Jetzt fahren wir wieder aus Wiesenplan,

hinaus, hinaus, dem Walde zu...
Wohin? Wohin? Nach Quellwaldruh!

Der Bahnwärter von Quellwaldruh,
das ist ein Frosch und quakt dazu.

Quak, quak, aussteigen! Quak!!
In Quellwaldruh ist heut Ostertag!

In Quellwaldruh ist heut Osterfeier,
da versteckt der Osterhas bunte Eier.

Rote und gelbe und allerlei,
und das Suchen steht allen Fahrgästen frei.

Quak, quak, quak! Guten Tag!
Guten Tag! Schönen Dank, Herr Bahnwärter Quak!

Und jetzt wolln wir unter den Eichen und Buchen
und Tannen und Birken die Ostereier suchen.

Und im Moos und unter den großen Wurzeln,
darüber die kleinen Kinder purzeln.

Nicht wahr? Und haben wir alle gefunden
und in unsre Sacktücher eingebunden,

dann fahrn wir am Abend wieder nach Haus
und packen das Wunder vor Großmutter aus!

Klein Irmchen

Spann dein kleines Schirmchen auf,
denn es möchte regnen drauf.

Denn es möchte regnen drauf,
halt nur fest den Schirmchenknauf.

Halt nur fest den Schirmchenknauf –
und jetzt lauf! Und jetzt lauf!

Und jetzt lauf! Und jetzt lauf!
Lauf zum Kaufmann hin und kauf!

Lauf zum Kaufmann hin und sag:
Guten Tag! Guten Tag!

Guten Tag, Herr Kaufmann Klein,
gib mir doch ein Stückchen Sonnenschein.

Gib mir doch ein Stückchen Sonnenschein,
denn ich will mein Schirmchen trocknen fein.

Denn ich will mein Schirmchen trocknen fein.
Und der Kaufmann geht ins Haus hinein.

Und der Kaufmann geht hinein ins Haus,
und er bringt ein Stückchen Sonne heraus.

Und er bringt ein Stückchen Sonne heraus.
Sieht es nicht wie gelber Honig aus?

Sieht es nicht wie gelber Honig schier?
Und er tut es sorgsam in Papier.

Und er tut es sorgsam in Papier.
Und dies Päckchen dann, das bringst du mir.

Und zu Haus, da packen wir es aus:
Sieht es nicht wie gelber Honig aus?

Und die Hälfte kriegst dann du, mein Irmchen,
und die andre Hälfte kriegt das Schirmchen.

Und jetzt spann dein Schirmchen auf
und lauf! Und lauf!

Im Stall

Im Stall, im Stall, im Stall,
da tollen zwei Dackel herum,
da hocken zwei Häslein dumm,
da machen zwei Ochsen brumm.
Im Stall, im Stall, im Stall.

Im Stall, im Stall, im Stall,
da tun zwei Kätzlein miaun,
da tun zwei Schwälblein baun,
da stampfen zwei Rößlein braun.
Im Stall, im Stall, im Stall.

Im Stall, im Stall, im Stall,
da springen zwei Mäuslein scheu,
da fressen zwei Kühlein Heu,
da liegen zwei Kälblein auf der Streu.
Im Stall, im Stall, im Stall.

Im Stall, im Stall, im Stall,
die Häslein, die Dackel, die Öchslein, die Schwälblein,
die Kätzlein, die Rößlein, die Kühlein, die Kälblein,
die haben es alle gar lustig und fein!
Du möchtest wohl gleich die zwei Mäuslein sein?
Im Stall, im Stall, im Stall.

Vom Trinken

Sieh zu! Sieh zu!
Wie trinkt das Pferd?
Wie trinkt die Kuh?

Sie gießen das Wasser nicht in den Schlund
wie du.
Sie nehmen es erst ganz sachte,
ganz sachte.
Sie nehmen es erst ganz sachte,
ganz vorn, ganz vorn in den Mund.
Da wird das kalte Wasser warm
und schadet nicht dem Kragen
und schadet nicht dem Magen
und schadet nicht dem Darm.

Siehst du?

Die zwei Wurzeln

Zwei Tannenwurzeln groß und alt
unterhalten sich im Wald.

Was droben in den Wipfeln rauscht,
das wird hier unten ausgetauscht.

Ein altes Eichhorn sitzt dabei
und strickt wohl Strümpfe für die zwei.

Die eine sagt: knig. Die andre sagt: knag.
Das ist genug für einen Tag.

Das Häslein

Unterm Schirme, tief im Tann,
hab ich heut gelegen,
durch die schweren Zweige rann
reicher Sommerregen.

Plötzlich rauscht das nasse Gras...
Stille! Nicht gemuckt!
Mir zur Seite duckt
sich ein junger Has...

Dummes Häschen,
bist du blind?
Hat dein Näschen
keinen Wind?

Doch das Häschen, unbewegt,
nutzt, was ihm beschieden,
Ohren weit zurückgelegt,
Miene schlau zufrieden.

Ohne Atem lieg ich fast,
laß die Mücken sitzen.
Still besieht mein kleiner Gast
meine Stiefelspitzen...

Um uns beide, tropf, tropf, tropf:
traut eintönig Rauschen...
Auf dem Schirmdach, klopf, klopf, klopf...
Und wir lauschen, lauschen...

Wunderwürzig kommt ein Duft
durch den Wald geflogen.
Häschen schnuppert in die Luft,
fühlt sich fortgezogen,

schiebt gemächlich seitwärts, macht
Männchen aller Ecken...
Herzlich hab ich aufgelacht:
Ei, der wilde Schrecken!

Beim Mausbarbier

Springst auch zum Bader?
Ja!
Spring'n wir zusammen!
Ein schöner Sonntag heut...
Duck dich!
Was ist?
Ein Has!
Ein Has! Das ist was Rechts!
Sei still! Wenn er dich hört, so...
Nun?
Verklagt er uns beim Raben!
Du!
Was hast? Ein Korn?
Hihi! Die Hälfte freß ich...
Mehlgebackenes?
...und mit der andern zahl ich!

Den Barbier? Und ich?
Still, da sind wir!
Guten Morgen!

Aus einem Erdloch
unter einer Wurzel
verbeugt sich tief
ein alter Mausekopf:
Frisieren? Brennen?
Bitte, nur herein!

Die Mäuslein nehmen Platz
auf einer Moosbank
und harren stumm
in saubern Spinnwebmänteln,
indes der Alte
seine Eisen draußen
auf einen Stein
ins Sonnenfeuer legt.

Die Härchen ausziehn?
Nach der Mode!
Bitte!
Bedächtig zieht
der alte Mausbarbier
die Schnurrbartfädchen
durch das warme Scherlein.

Dann wichst er sie
ein wenig noch mit Harz
und wäscht zum Überfluß
die samtnen Köpfchen
mit Birkenöl
und scheitelt sie geschickt.
Dann knüpft er flink
die Mäntel ab
und bürstet
die sonntäglichen Wämser
spiegelglatt.

Mit Anstand holt
das eine Mäuslein drauf
den Kuchen aus der Tasche:
Bitte!
Danke!

Von seinem Loch aus
guckt der Mausbarbier
dem stolzen Paar
behaglich knabbernd nach
und lugt vergnügt
zum blauen Himmel auf,
der reiche Kundschaft
heute noch verspricht.

Waldmärchen

Es lebt ein Ries im Wald,
der hat ein Ohr so groß,
wenn da ein Donner schallt,
ist's ihm ein Jucken bloß.

Er macht so mit der Hand,
als wie nach einer Hummel...
Sein eigenes Gebrummel
erschreckt das ganze Land.

Und kommt die Regenzeit,
dann schläft er, und es wird
aus seinem Ohr ein Teich,
und dort sitzt dann der Hirt

und tränkt dran seine Schaf.
Doch manchmal dreht, o Graus,
der Ries sich um im Schlaf –
und dann ist alles aus.

Abenddämmerung

Eine runzelige Alte,
schleicht die Abenddämmerung,
gebückten Ganges,
durchs Gefild
und sammelt und sammelt
das letzte Licht
in ihre Schürze.

Vom Wiesenrain,
von den Hüttendächern,
von den Stämmen des Walds
nimmt sie es fort.
Und dann
humpelt sie mühsam
den Berg hinauf
und sammelt und sammelt
die letzte Sonne
in ihre Schürze.

Droben umschlingt ihr
mit Halsen und Küssen
ihr Töchterchen Nacht
den Nacken
und greift begierig
ins ängstlich verschlossene
Schurztuch.

Als es sein Händchen
wieder herauszieht,
ist es schneeweiß,
als wär es mit Mehl
rings überpudert.

Und die Kleine,
längst gewitzt,
tupft mit dem
niedlichen Zeigefinger
den ganzen Himmel voll
und jauchzt laut auf
in kindlicher Freude.
Ganz unten aber
macht sie einen großen,
runden Tupfen:
Das ist der Mond.

Mütterchen Dämmerung
sieht ihr mit mildem
Lächeln zu.
Und dann geht es
langsam
zu Bette.

Das Häuschen an der Bahn

Steht ein Häuschen an der Bahn,
hoch auf grünem Hügelplan.

Tag und Nacht, in schnellem Flug,
braust vorüber Zug um Zug.

Jedesmal bei dem Gebraus
zittert leis das kleine Haus:

Wen verläßt, wen sucht auf
euer nimmermüder Lauf?

O nehmt mit, o bestellt
Grüße an die weite Welt!

Rauch, Gestampf, Geroll, Geschrill...
Alles wieder totenstill.

Tag und Nacht dröhnt das Gleis.
Einsam Häuschen zittert leis.

Hasenjäger

Es geht ein Mann durch Föhren...
Sein Schritt ist kaum zu hören...
Doch pürscht der Gute mit dem Wind!
Drum merkt das kleinste Hasenkind
mit seinem Schnuppernäschen:
Es kommt ein Feind fürs Häschen! –
und rettet sich geschwind.

Schnauz und Miez

Ri ra rumpelstiez,
wo ist der Schnauz? Wo ist die Miez?
Der Schnauz, der liegt am Ofen
und leckt sich seine Pfoten.
Die Miez, die sitzt am Fenster
und wäscht sich ihren Spenzer.
Rumpeldipumpel, schnaufeschnauf,
da kommt die Frau die Treppe rauf.
Was bringt die Frau dem Kätzchen?
Einen Knäul, einen Knäul, mein Schätzchen!
Einen Knäul aus grauem Wollenflaus,
der aussieht wie eine kleine Maus.
Was bringt die Frau dem Hündchen?
Ein Halsband, mein Kindchen!
Ein Halsband von besondrer Art,
auf welchem steht: Schnauz Schnauzebart.
Ri ra rumpeldidaus,
und damit ist die Geschichte aus.

Der Fuchs und die Hühner

Es lockt der Fuchs die Hühner,
die werden immer kühner;
er lockt sie mit der Flöte,
daß er sie alle töte.
O Hühner, laßt die Neugier sein
und fallt auf keinen Fuchs herein!

Der Rock

Der Rock, am Tage angehabt,
er ruht zur Nacht sich schweigend aus;
durch seine hohlen Ärmel trabt
die Maus.

Durch seine hohlen Ärmel trabt
gespenstisch auf und ab die Maus...
Der Rock, am Tage angehabt,
er ruht zur Nacht sich aus.

Er ruht, am Tage angehabt,
im Schoß der Nacht sich schweigend aus,
er ruht, von seiner Maus durchtrabt,
sich aus.

Das neue Spiel

Lirum, larum, Löffelstiel!
Paßt auf, ich weiß ein neues Spiel!

Die Nase,
das ist ein Hase.

Die Ohren,
das sind zwei Mohren.

Das Kinn,
da wollen sie alle drei hin.

Jetzt fangen sie an zu laufen...
Sie können schon nicht mehr schnaufen...

Die Nase ist immer vorn,
dahinter laufen die Mohrn.

Die Augen aber lachen:
Was sind denn das für Sachen!

Was sind denn das für Faxen!
Ihr seid doch angewachsen!

Das wissen wir allein!
So schallt es von den drein.

Macht euch doch nicht so groß!
Wir spielen ja doch bloß!

Lirum, larum, Löffelstiel!
Ei, ist das nicht ein feines Spiel?

Das treue Rad

Der Radfahrkünstler Sausebrand
ist wohlbekannt in Stadt und Land.

Nicht minder kennen Land und Stadt
Rundumundum, sein treues Rad.

Frühmorgens, wenn die Sonn aufgeht,
Rundumundum vom Stroh aufsteht,

geht brunnenwärts mit andrem Vieh
und wäscht sich Miene, Brust und Knie.

Worauf's, bis man zum Frühstück pfeift,
mit Karo noch ein Weilchen läuft.

Um sieben tritt aus seiner Tür
laut pfeifend Sausebrand herfür.

Und langgestreckten Laufes naht
Rundumundum, sein treues Rad.

Es kniet sich hin wie ein Kamel
und trinkt vergnügt sein Schälchen Öl.

Und freundlich klopft ihm Sausebrand
den Rücken mit der flachen Hand.

Nun aber schnell! Der Herr ruft: Hopp!
und sprengt davon im Hochgalopp.

Der Gaul

Es läutet beim Professor Stein.
Die Köchin rupft die Hühner.
Die Minna geht: Wer kann das sein?
Ein Gaul steht vor der Türe.

Die Minna wirft die Türe zu.
Die Köchin kommt: Was gibt's denn?
Das Fräulein kommt im Morgenschuh.
Es kommt die ganze Familie.

Ich bin, verzeihn Sie, spricht der Gaul,
der Gaul vom Tischler Bartels.
Ich brachte Ihnen dazumaul
die Tür- und Fensterrahmen!

Die vierzehn Leute samt dem Mops,
sie stehn, als ob sie träumten.
Das kleinste Kind tut einen Hops,
die andern stehn wie Bäume.

Der Gaul, da keiner ihn versteht,
schnalzt bloß mal mit der Zunge,
dann kehrt er still sich ab und geht
die Treppe wieder hinunter.

Die dreizehn schaun auf ihren Herrn,
ob er nicht sprechen möchte.
Das war, spricht der Professor Stein,
ein unerhörtes Erlebnis!

Beim Puppendoktor

Beim Puppendoktor Wunderlich,
da ist es ganz absunderlich.
Der Puppen Heilung ist sein Amt,
und wirklich heilt er allesamt!
Auch Traudelchen für ihre Puppe
erhält ein Fläschchen süße Suppe.
Der Rabe krächzt dazu, wie stets,
bald: Wohl bekomm's! und bald: Wie geht's?
Er kann nur diese beiden Worte
und braucht sie stets am falschen Orte.
Klein Traudchen wünscht sich fast nach Haus,
es ist auch alles gar zu kraus.

Die Vogelscheuche

Die Raben rufen: Krah, krah, krah!
Wer steht denn da, wer steht denn da?
Wir fürchten uns nicht, wir fürchten uns nicht
vor dir mit deinem Brillengesicht.

Wir wissen es ja ganz genau,
du bist nicht Mann, du bist nicht Frau.
Du kannst ja nicht zwei Schritte gehn
und bleibst bei Wind und Wetter stehn.

Du bist ja nur ein bloßer Stock
mit Stiefeln, Hosen, Hut und Rock.
Krah, krah, krah!

Wenn es Winter wird

Der See hat eine Haut bekommen,
so daß man fast drauf gehen kann,
und kommt ein großer Fisch geschwommen,
so stößt er mit der Nase an.

Und nimmst du einen Kieselstein
und wirfst ihn drauf, so macht es klirr
und titscher, titscher, titscher, dirr...
Heißa, du lustiger Kieselstein!

Er zwitschert wie ein Vögelein
und tut als wie ein Schwälblein fliegen...
Doch endlich bleibt mein Kieselstein
ganz weit, ganz weit auf dem See draußen liegen.

Da kommen die Fische haufenweis
und schaun durch das klare Fenster von Eis
und denken, der Stein wär etwas zum essen;
doch sosehr sie die Nase ans Eis auch pressen,
das Eis ist zu dick, das Eis ist zu alt,
sie machen sich nur die Nasen kalt.

Aber bald, aber bald
werden wir selbst auf eignen Sohlen
hinausgehn können und den Stein wieder holen.

Nächtliche Schlittenfahrt

Die Uhr schlägt zwölfe.
Im Walde stehn zwei Wölfe.

Zwei Wölfe stehn im Wald.
Eine Schlittenpeitsche knallt.

Ein Schlitten kommt gefahren.
Die zwei Wölfe sträuben die Haare.

Fahr zu, Fuhrmann, fahr zu!
Sonst werden dir die Wölfe was tun!

Der Fuhrmann läßt die Zügel...
Das Pferd rast über den Hügel...

Den Hügel hinauf, den Hügel herunter...
Dahinter die Wölfe mit roten Zungen...

Jetzt fährt er über den See:
Das Eis liegt tief im Schnee.

Das Eis kracht unter den Hufen...
Jetzt sind sie am anderen Ufer!

Schon kann man das Forsthaus sehn.
Die zwei Wölfe bleiben stehn.

Der Förster winkt mit der Laterne.
Überm Wald stehn hunderttausend Sterne.

Die Enten laufen Schlittschuh

Die Enten laufen Schlittschuh
auf ihrem kleinen Teich.
Wo haben sie denn die Schlittschuh her,
sie sind doch gar nicht reich?

Wo haben sie denn die Schlittschuh her?
Woher? Vom Schlittschuhschmied!
Der hat sie ihnen geschenkt, weißt du,
für ein Entenschnatterlied.

Die drei Spatzen

In einem leeren Haselstrauch
da sitzen drei Spatzen, Bauch an Bauch.

Der Erich rechts und links der Franz
und mittendrin der freche Hans.

Sie haben die Augen zu, ganz zu,
und obendrüber da schneit es, hu!

Sie rücken zusammen dicht an dicht.
So warm wie der Hans hat's niemand nicht.

Sie hörn alle drei ihrer Herzlein Gepoch.
Und wenn sie nicht weg sind, so sitzen sie noch.

Schlaf, Kindlein, schlaf!

Schlaf, Kindlein, schlaf!
Es war einmal ein Schaf.

Das Schaf, das ward geschoren,
da hat das Schaf gefroren.

Da zog ein guter Mann
ihm seinen Mantel an.

Jetzt braucht's nicht mehr zu frieren,
kann froh herumspazieren.

Schlaf, Kindlein, schlaf!
Es war einmal ein Schaf.

Vom König Abendlust

Träum, Kindlein, träum,
im Garten stehn zwei Bäum.

Der eine, der trägt Rosen,
der andre Aprikosen!

Da kommt der König Abendlust
und steckt seiner Königin eine Rose an die Brust.

Da reckt sich die Königin mit ihrer Rose
und pflückt dem Herrn König eine Aprikose.

Der König bricht die Frucht in zwei Stücke
und gibt eine Hälfte der Frau Königin zurücke.

Drauf lassen sie beide sich's trefflich munden.
Den Kern aber, den sie darinnen gefunden,

den Aprikosenkern, klein und fein,
den pflanzen sie in ein Beet hinein.

Und daß er es dort recht artig hat,
umwickelt ihn Frau Königin mit einem Rosenblatt,

mit einem Rosenblatt, mit einem Rosenblatt,
auf daß es der Kern dort recht lieblich hat.

Dort schlummert er lange, dort schlummert er fest
als wie ein Vöglein in seinem Nest.

Träum, Kindlein, träum,
im Garten stehn zwei Bäum.

Der eine, der trägt Rosen,
der andre Aprikosen...

Träum, Kindlein, träum...

Inhaltsverzeichnis

 5 Von dem großen Elefanten
 6 Fips
 8 Herr Löffel und Frau Gabel
10 Das gibt's doch gar nicht!
12 Der Schnupfen
13 Der Frühling kommt bald
14 Traumliedchen
16 Fisches Nachtgesang
17 Die Rehlein beten zur Nacht
18 Ausflug mit der Eisenbahn
20 Klein Irmchen
23 Im Stall
24 Vom Trinken
25 Die zwei Wurzeln
26 Das Häslein
28 Beim Mausbarbier
32 Waldmärchen
33 Abenddämmerung
36 Das Häuschen an der Bahn
37 Hasenjäger
38 Schnauz und Miez
40 Der Fuchs und die Hühner
41 Der Rock
42 Das neue Spiel
44 Das treue Rad
46 Der Gaul
48 Beim Puppendoktor

50 Die Vogelscheuche
51 Wenn es Winter wird
52 Nächtliche Schlittenfahrt
54 Die Enten laufen Schlittschuh
56 Die drei Spatzen
58 Schlaf, Kindlein, schlaf!
59 Vom König Abendlust

Erste Auflage 1986
Alle Rechte vorbehalten
Lizenzausgabe für Boje Verlag GmbH, Erlangen 1986
© Der Kinderbuchverlag, Berlin 1984
Printed in the German Democratic Republic
ISBN 3 414 17400 6